AF472813

IDÉES

POUR FORMER UNE NOUVELLE

CONSTITUTION,

ET POUR ASSURER

LA PROSPÉRITÉ ET LE BONHEUR

DE LA FRANCE,

ET D'AUTRES NATIONS.

PAR GEORGE EDWARDS, ANGLAIS.

A PARIS.

1793.

DIVISION.

IDÉES

POUR FORMER UNE NOUVELLE

CONSTITUTION,

ET POUR ASSURER

LA PROSPÉRITÉ ET LE BONHEUR

DE LA FRANCE,

ET D'AUTRES NATIONS.

LÉGISLATEURS, et Membres de la Convention Nationale !

Depuis plusieurs siècles, on négligeoit la connoissance des intérêts de la société, et cette science, si nécessaire au bonheur du genre humain, avilie en quelque façon, étoit privée des honneurs qui lui appartiennent. Mais vous avez opéré un grand changement, en invitant toutes les autres nations à vous aider à former une constitution parfaite, et à donner, à la société, la forme la plus convenable aux intérêts du genre humain. C'est en conséquence de cette invitation, qu'en qualité d'étranger, je parois aujourd'hui en votre présence, pour vous offrir les idées, les observations, et les vues générales que renferment les pages suivantes. Je les présente avec crainte, et je réclame votre indulgence.

Et, pour leur donner plus de poids, agréez l'offre de mon plan d'agrandissement général, de la régénération et de la perfection nationale de la Grande-Bretagne et de son empire, contenu dans quelques-uns de mes ouvrages ; savoir :

1° *La régénération de la Grande-Bretagne ;*

2°. *La perfection nationale des finances ;*

3°. *La découverte importante du dix-huitième siècle ;*

4°. Un extrait d'autres ouvrages, qui contient *l'art d'améliorer les terres* ; suivi d'*un abrégé de morale ;*

5°. *Amélioration de l'art de la médecine, selon les idées de Franklin*, avec le *plan d'un collége de médecine pour la ville de Londres ;*

6°. *Manière de relever et de faire fleurir une ville et son territoire*, lorsqu'elle paroît tendre à son déclin ;

7°. *Plan d'une société patriotique universelle.*

Ces ouvrages ont, en général, été publiés, soit avant ou à l'époque même à laquelle l'assemblée constituante commença à former le dessein de régénérer la France. Quoiqu'à cette époque, personne n'eut encore communiqué ses idées, cependant je ne puis que remarquer un singulier accord entre les plans de l'assemblée et le mien, à l'exception de quelques points, dont la différence n'est pas sensible. Je ne m'arrête à ce rapport, que parce qu'il paroît prouver que les différens plans devoient être conformes à la nature humaine, et à la vraie constitution de la société.

Ce qui doit ajouter un nouveau poids à la conclusion, que je tire de cette ressemblance, c'est que ces plans ont été formés dans des situations aussi différentes l'une de l'autre qu'il est possible. Car l'assemblée constituante parut embrasser, dans le plan de son ouvrage, tous les intérêts du genre humain, et chercher le gouvernement le plus propre à les maintenir ; tandis qu'elle étoit placée dans un lieu élevé, d'où, sans que rien n'interceptât ses regards, elle pouvoit, d'un coup-d'œil, envisager la perspective glorieuse du futur bonheur de la société, étayé sur des fondemens impérissables.

Législateurs ! permettez-moi d'achever la comparaison : jouissant d'une fortune honnête, je me retirai, il y a quelques années, à la campagne, pour y étudier la nature et y mettre en pratique mes idées touchant les intérêts de la société, particulièrement l'agriculture, la médecine et l'éducation publique. Mes succès surpassèrent mes espérances, et je les poussai aussi loin que ma fortune put me le permettre. C'est durant le cours de ces occupations, que, me trouvant à même d'observer ces objets sous différens points de vue, j'ai découvert, par degrés, différentes idées qui peuvent tendre à la régénération et à la perfection nationale. Enfin, ayant digéré le tout ensemble, j'en formai mon système de l'agrandissement, de la régénération et de la perfection de la Grande-Bretagne.

Il vous sera aisé de vous assurer de la vérité de ce que j'avance, par les différens ouvrages, dont je vous fais ici l'hommage. Ceux qui entendent la langue Angloise, y verront que l'expérience et la pratique sont les sources où j'ai puisé les différens objets que j'ai crayonnés pour la félicité publique.

D'après cette introduction, vous voudrez bien me permettre de continuer de vous offrir les idées qui me paroissent les plus frappantes, et les plus dignes de votre attention, dans ce moment où vous allez donner une nouvelle forme au gouvernement de la France, et vous occuper des moyens les plus propres à favoriser les intérêts et la prospérité de la République.

Voilà, Citoyens Législateurs, ce que je me propose de faire de la manière suivante : premièrement, j'entrerai dans les détails des différens objets qui tendent au bonheur de la société, ainsi que je m'en suis occupé en Angleterre, et je décrirai les moyens les plus propres à parvenir à ce but essentiel. Car comme je m'imagine que les intérêts de la société sont à peu-près les mêmes en France qu'en Angleterre, je crois que les moyens qui conviennent à l'une peuvent aisément s'appliquer à l'autre, ou au moins fournir un certain nombre d'idées utiles à la perfection d'une constitution. Enfin, je vous proposerai une forme de gouvernement qui me paroît propre, si je ne me trompe, à l'exécution de ce grand dessein.

Je crois cependant devoir vous prévenir que mon dessein est d'exposer, le plus brievement possible, les propositions nécessaires, sans entrer dans des raisonnemens. Je ne cherche même pas à m'attacher au mérite du style, pour donner du relief à mes pensées. Ce sont, à dire le vrai, des avantages que j'ai négligés jusqu'à ce jour, parce que les recherches auxquelles je me suis livré dans des sciences utiles, m'en ont continuellement empêché. Les facultés de mon ame étoient trop occupées du désir extrême de réduire en pratique les projets de mes différens travaux.

CHAPITRE PREMIER.

Je commence par l'agriculture, l'un des principaux objets nécessaires au bonheur de la société, et par les améliorations dont cette science est susceptible. Je crois pouvoir, sans présomption, entreprendre de traiter cette matière, et parler avec quelque confiance à cause des peines que j'ai prises pour acquérir dans ce genre des connoissances étendues, et de ma grande expérience dans l'agriculture, à laquelle j'ai joint la pratique dans un établissement philosophique, que j'avois formé et que j'ai conduit pendant plusieurs années. C'est pourquoi, persuadé que vous ne vous étonnerez point de m'entendre parler positivement sur cette matière; je propose les observations suivantes.

Toutes les fois que, dans un pays, on voudra s'occuper d'améliorer et de perfectioner l'agriculture, on ne sauroit ni trop en exagérer les résultats, ni en concevoir de trop grandes espérances, pour le bonheur et l'utilité générale. Il m'a donc paru que l'amélioration de l'agriculture étoit un objet de la plus haute importance pour toute la nation.

Je crois devoir vous assurer, qu'il ne seroit

pas si difficile qu'on se l'imagine, de porter l'agriculture à un dégré dont on n'a pas d'idée, et de la pousser à un point, que j'appellerai la perfection pratique de l'agriculture, et que la peine ne seroit rien en comparaison des avantages infinis qu'elle produiroit. Or, ce que je dis de l'Angleterre peut indubitablement s'appliquer à la France. La première possède dans ce genre une foule de connoissances, mais éparses, lesquelles, si elles étoient bien réunies, bien digerées, et ensuite répandues par tout, seroient une acquisition importante pour l'agriculture de ma patrie, et ne le seroit pas moins pour la vôtre. Il est certain qu'il seroit possible d'enrichir cette science d'une foule de découvertes intéressantes pour la prospérité des nations : je crois pouvoir l'assurer, d'après celles que j'ai faites moi-même : j'ose même me flatter que j'en pourrois tracer le moyens.

Je ne fais mention que des intérêts et des objets principaux de l'agriculture, qui, considérés soit comme ressources nationales, soit comme formant l'intérêt particulier du fermier, sont des objets d'un grand intérêt national, qu'on peut facilement réaliser, quand les vérités de l'agriculture sont connues, et lorsque le génie simple et naturel, appuyé sur un jugement solide, sait les mettre en pratique, et en tirer tous les avantages qu'elle présente à l'homme.

Mainte et mainte fois, j'ai offert à l'Angleterre d'amener son agriculture, ou celle de tout autre pays, à-peu-près semblable, à ce degré que j'appelle, comparativement parlant, perfection pratique. Supposant en même tems, que l'agriculture, au moyen de cette amélioration dans la pratique, feroit d'elle-même des progrès, qui ajouteroient considérablement aux avantages de la méthode que je propose. Un des principaux moyens pour parvenir à ce but, est un art dont j'ai fait moi-même le premier l'expérience. Un des livres que je viens de vous présenter en contient les détails. C'est l'art d'embonner un terrain de quelque étendue que ce soit. Cet art enrichit le propriétaire en même tems qu'il s'en sert pour améliorer ses terres : et je puis vous assurer, que c'est une source infaillible de richesses et nullement dangereuse, pourvu que le propriétaire ne soit pas le fermier, quand l'amélioration sera finie ; car on n'éprouve que trop souvent, qu'on réussit rarement à être en même tems grand propriétaire et fermier.

Mais, pour que l'agriculture puisse arriver au degré de perfection pratique, il est nécessaire d'avoir l'appui de la législature. Ce projet exige des dépenses qu'aucun particulier n'est en état de faire ; et le succès dépend de plusieurs autres moyens, que la nation seule peut consolider. Il est une multitude de connoissances en agriculture, qui, loin de se trouver à notre portée, sont éparses, et qu'il faut rassembler. Dans ce nombre il s'en trouveroit plusieurs, dont il faudroit faire un essai complet avant de pouvoir les recommander aux cultivateurs dans toute l'étendue de la République. Enfin, il y a nombre de découvertes, quoiqu'en apparence coûteuses, qui récompenseroient amplement des peines.

Il deviendroit nécessaire, à mesure que l'on recueilleroit des connoissances touchant l'agriculture, de les rendre publiques et générales par la voie de l'impression. Le style devroit être simple, adapté aux capacités les plus ordinaires, et propre à expliquer clairement les détails les plus minutieux de la pratique; enfin, le travail devroit être complet sous tous ses différens rapports. Or, pour pouvoir être généralement utiles, il faudroit que les livres de ce genre se vendissent à bas prix; ce qui ne pourroit se faire sans l'aide du trésor public.

Il ne suffiroit pas, pour répandre universellement les connoissances nécessaires à la perfection de l'agriculture, de les publier. Je serois d'avis d'introduire dans chaque département de la France, la méthode de faire en grand, et pour servir de modèle, des expériences sur les améliorations, dont chaque département seroit susceptible. Or, un pareil projet seroit nécessairement dispendieux, quoiqu'après tout ce ne seroit que peu de chose, si on le compare aux avantages qui en résulteroient.

Mais il est inutile d'entrer ici dans de plus grands détails relativement à mes expériences dans l'agriculture, elles se trouvent détaillées dans un de mes ouvrages, dont j'ai déja fait mention.

Mais j'imagine qu'un court détail des expériences que j'ai faites dans ce genre, pourra ajouter quelque force à mes argumens. Je puis donc vous assurer, qu'il n'y a eu que les bornes seules de ma fortune, qui m'aient empêché de porter l'agriculture en Angleterre à ce degré de perfection pratique.

Pour commencer à mettre mon dessein en exécution, je formai, sur un plan étendu, un établissement assez vaste, et le conduisis, pendant quelques années, avec une extrême ardeur. Mais lorsque je vis que ces frais étoient trop considérables pour un particulier, je m'adressai à l'administration; je lui représentai que j'avois presque consacré ma fortune à cet objet, et comme elle ne suffisoit pas, je demandai un secours de quatre ou cinq cents liv. sterl., pour m'aider dans cette entreprise; promettant non-seulement d'employer entièrement cette somme au service du public, en améliorations dans l'agriculture, et de lui en rendre un compte exact, mais d'avancer moi-même, tous les ans, au moins autant du mien.

Cet offre, aussi juste que désintéressé et patriotique, et qui, je puis le dire, méritoit de l'attention, ne fut pas encouragé par le gouvernement. Abandonné à mes propres moyens, qui étoient insuffisans, je vis qu'il étoit inutile de persister dans mon projet de perfectionner l'agriculture de mon pays. J'affermai la terre que j'avois prise dans ce dessein, ce qui me donna une preuve de l'excellence de l'art dont j'avois fait l'essai pour améliorer les terres ; car ma ferme, qui auparavant ne rapportoit que quatre cents livres sterling par an, se trouva alors en valoir six cents. De ce moment, abandonnant l'exécution pratique de mon dessein, je m'occupai de faire connoître mes idées au public, et mon projet d'agrandissement, de régénération et de perfection nationale, parut à l'époque même où elle commença à s'exécuter réellement en France.

CHAP. II.

Le second objet, tendant à l'intérêt général de la société, c'est d'adopter un plan pour former, autant qu'il est nécessaire, les esprits de tous les membres de la société. J'appellerai cela en termes philosophiques, civilisation mentale, ou éducation publique ; quoique ce terme, pris selon l'acception ordinaire, contient un sens moins étendu que celui que je prétends lui donner.

C'est une science pratique, ou un art que l'on n'a point encore envisagé sous le point-de-vue lumineux qui est nécessaire pour le bien entendre, et pour sentir son rapport important et essentiel avec les intérêts du genre-humain. C'est le moyen de donner aux esprits ordinaires, le degré de perfection nécessaire, quant aux facultés mentales, à l'entendement, aux gouts, aux sentimens, aux passions, aux vertus, aux connoissances. C'est l'art de former l'homme à un dégré suffisant pour le rendre intelligent, éclairé, sensible, humain, moralement bon, animé, capable de cette grandeur qui appartient à sa nature ; et de lui donner la force de remplir convenablement les fonctions nécessaires à sa prospérité, et à son bonheur dans l'état de société. Telles sont les vues de la nature : elle l'a doué des facultés nécessaires ; et tel sera l'homme, lorsqu'il sera formé selon les principes de cet art, lorsqu'il sera bien connu et que les opérations en seront générales, ordonnées par la nation. Des détails sur ce sujet font partie de mon ouvrage, intitulé, *Régénération de la Grande-Bretagne*.

Il n'est pas surprenant que l'on ne se soit pas occupé d'en faire un art ou une science régulière, puisque, en premier lieu, l'on ne s'est pas même occupé d'en chercher le principe, qui auroit dû être l'examen, ou, si je puis me servir du terme, l'anatomie des différentes parties de l'esprit humain, telles qu'elles existent dans la nature et forment un tout. Car l'ame est organisée d'une manière aussi variée, aussi curieuse, aussi complète que le corps. Cette anatomie de l'ame se trouve expliquée dans mon *Essai sur la régénération de la Grande-Bretagne ;* et j'ajouterai à la fin de cet ouvrage une légère esquisse de l'esprit, qui servira au moins d'élément d'un code de civilisation mentale.

Faute de remonter à cette source, l'on n'a point appliqué les moyens de former l'esprit aux parties organiques de l'esprit, auxquelles elles avoient rapport. C'est pourquoi l'instruction n'a généralement produit jusqu'ici que des effets très-inférieurs à ce qu'on auroit pu s'en promettre.

En second lieu, les moyens de former les esprits ordinaires au degré de perfection dont cette science est susceptible, ont été recueillis vaguement, ou d'une manière absolument contraire à l'anatomie de l'esprit. On en a formé des sciences ou peu nécessaires, ou peu naturelles ;

telles que les belles-lettres, la logique, la morale et la métaphysique, et qui, par la manière dont on les présente, sont plutôt faites pour détourner les esprits ordinaires de l'application nécessaire de goûter l'instruction qu'elles renferment, et pour en rendre l'acquisition très-difficile à ceux dont l'esprit est plus porté à la philosophie.

Mais si, faisant un choix dirigé par un bon jugement et un génie accoutumé à perfectionner les objets dont il s'occupe, on puise à toutes les sources, telles que celles que j'ai déja nommées ; savoir, les belles-lettres, la logique, la morale, la métaphysique ; que l'on débarrasse les principes de tout ce fatras de science dont ils sont encombrés ; qu'on les tire au net d'une foule d'ouvrages littéraires, dramatiques, poétiques, fabuleux, et des traités de morale ou de religion ; et qu'on les cherche aussi dans les mœurs variés et les différentes coutumes des hommes, chez qui ils ne sont pas si dispersés, ni si difficiles à appercevoir que de certains auteurs voudroient le faire entendre ; enfin, qu'on ne laisse échapper aucune occasion d'enrichir ce recueil de principes, et qu'on en fasse, avec justesse, l'application aux différentes facultés de l'esprit, auxquelles chacun d'eux a rapport ; l'on pourra se vanter de posséder l'art de former et d'instruire l'esprit humain, de manière à le mettre en état de remplir les devoirs et les fonctions, d'où dépendent la prospérité et le bonheur de la société.

En troisième lieu, la manière dont on communique l'instruction aux différens esprits, est très-imparfaite, et j'ai amplement traité ce sujet dans un autre ouvrage.

En quatrième lieu, il est rare que, dans aucun cas, on ait également bien cultivé toutes les différentes facultés de l'ame. Tel homme a été bon logicien, tel autre a acquis le goût des belles-lettres ; l'un a cultivé la philosophie morale, l'autre les droits du citoyen, mais rien de plus. D'autres ont acquis la connoissance des affaires ; d'autres, dans différens genres, ont suivi quelque branche particulière ; l'un s'est livré à ses réflexions, l'autre à laissé prendre l'essor à son imagination. C'est ainsi que chaque individu en particulier n'a fait des progrès que dans un seul genre. C'est ainsi que, malgré tout ce qu'ont pu dire les philosophes, on a jusqu'ici ignoré l'art de former les grands génies, et de tirer parti des ames ordinaires.

Osons donc espérer, sages Législateurs, qu'il est possible d'indiquer à l'homme les moyens de le rendre bon, grand et sage, suivant les vues de la nature : osons adresser à l'homme ces paroles d'un sage de l'antiquité : « Homme !

« connois-toi toi-même, et te perfectionne « (c'est-à-dire, ton ame et ta nature) par les moyens « nécessaires et que nous te proposons. » C'est ce qu'il est aisé d'exécuter, en adoptant les moyens dont je viens de donner une idée ; ayant soin toutefois de les adapter aux différentes conditions et aux différens états de la société, et de les appliquer, avec justesse, à la nature humaine ; c'est-à-dire, aux différentes facultés de l'ame.

Pour cet effet, il nous suffira de donner un code d'éducation, ou un ouvrage qui règle la manière de former les esprits ordinaires, suivant les plans que je viens de proposer. Il n'est pas nécessaire d'en faire un code volumineux, il suffit qu'il soit en deux parties : l'une qui traite de la manière d'instruire les enfans du premier âge ; et l'autre, celle de former la jeunesse ; et ce même code contribueroit beaucoup, surtout dans le commencement de leurs études, aux progrès des génies extraordinaires, ou de ceux qui souhaiteroient d'être mieux cultivés.

Cet art sera une espèce de puissance méchanique, irrésistible, qui levera tous les obstacles, et qui, donnant à l'ame toute la perfection dont elle est capable, communiquera une impulsion propre aux sentimens, aux goûts, à l'entendement et aux actions des hommes. Le code, qui deviendra le centre de cette force, sera bien supérieur

supérieur à la harpe des anciens : ce sera la harpe naturelle, scientifique, la harpe divine de la civilisation. Les différentes parties de l'organisation de l'ame, qui seront dévoilées à l'univers, seront les cordes que la sagesse saura mettre en jeu, et vos instructions produiront l'harmonie céleste de la nature humaine.

Il faut, pour compléter le but de la civilisation mentale, remplir toutes les vues que l'on comprend ordinairement sous le nom d'éducation publique.

1°. Il faut établir par-tout des écoles, où l'on enseigne à lire, à écrire, l'arithmétique, quelques parties des mathématiques, et des arts méchaniques. Car l'état doit veiller à ce que tous les enfans apprennent à lire et à écrire, et payer pour ceux dont les parens n'ont pas les moyens de le faire.

2°. Il faudroit établir, par-tout où cela paroîtroit nécessaire, mais en moindre nombre que les précédentes, des écoles où l'on enseigneroit les langues et les belles-lettres.

3°. Il faudroit établir, en assez grand nombre, des colléges où il y auroit des professeurs instruits, des bibliothèques, des musées, et autres choses nécessaires à l'instruction.

Les codes de civilisation mentale, dont j'ai parlé plus haut, devroient servir de règle dans ces établissemens, et y être enseignés et expliqués avec une attention particulière. On devroit s'occuper à découvrir des moyens, et, si je puis m'exprimer ainsi, de ces artifices innocens, qui donnent le plus de force aux instructions, et en faire usage de manière à rendre cette tâche aussi aisée qu'il seroit possible aux élèves. Il faudroit que le gouvernement coopérât à en appuyer l'exécution, et fournît en partie aux dépenses; quoique l'on suppose que les parens riches paieroient généreusement l'éducation de leurs enfans, il ne faudroit pas s'attendre qu'ils supportassent en entier la dépense des autres : ce seroit une mauvaise politique que d'en rendre le fardeau trop pesant à quelque rang que ce soit. On devroit, dans tous les départemens, choisir ceux, ou au moins un certain nombre de ceux, d'entre les enfans de parens pauvres, dont les talens et l'application mériteroient cet encouragement, et les placer, aux dépens du gouvernement, dans les écoles ou dans les colléges, selon que le bien public sembleroit le demander. Il seroit à propos que les membres des assemblées de district et de département eussent l'inspection des écoles dont j'ai parlé, et veillassent à ce que l'on y exécutât les loix faites à cet effet, et qu'on en remplît les vues; à ces moyens, on en pourroit encore ajouter d'autres, pour connoître ceux des enfans pauvres qui mériteroient que le public se chargeât de leur éducation.

Il faudroit encore, pour que rien ne manquât à ce système d'éducation publique, que l'on se procurât les différens ouvrages, dont plusieurs, graces au goût des sciences qui règne dans notre siècle, seroient faciles à trouver; tels que les livres élémentaires, qui traitent des différentes sciences et des beaux arts, écrits de manière à être aisément entendus, et fournis de planches exactes pour donner une idée suffisante des sujets qui y seroient traités. Il faudroit aussi avoir des cabinets d'histoire naturelle et des arts, faits pour favoriser l'éducation et l'instruction de la jeunesse, que l'on formeroit et entretiendroit aux dépens de la nation.

Toute science utile au genre humain devroit être dévoilée et publiée, ornée des grâces du stile, mais accompagnée de la simplicité. Ainsi le goût, les beaux arts, et les ornemens naturels ajouteroient un nouveau lustre à la prospérité, et au bonheur de la société.

Je ne doute point qu'on ne puisse faire plusieurs objections contre le système de civilisation mentale que je propose, quelque complet qu'il puisse me paroître; mais en même tems je crois qu'il est aisé de les prévoir et d'y répondre.

Si l'on dit, qu'il semble que j'attends un dégré de perfection mentale, supérieur aux facultés ordinaires de l'homme, je repondrai : Considérez à quel dégré l'homme, dans son enfance, avec peu de secours de ses parens, se forme avant d'arriver à l'âge de puberté. Ce que la meilleure éducation peut y ajouter, n'est rien en comparaison de ce qu'il a acquis de lui-même.

D'où il paroît que, pendant l'enfance, l'ame fait toujours des progrès égaux dans toutes les conditions, que par conséquent chaque individu est capable d'ajouter à ses facultés naturelles, toutes les instructions qui lui seront offertes par le moyen de la civilisation mentale, et qui peuvent être nécessaires pour le rendre capable de tenir sa place dans la société. D'ailleurs, comme les classes les moins aisées n'exigent pas une éducation si soignée il est plus facile de leur donner toutes les connoissances qui leur sont nécessaires. Tous les états demandent un grand fond d'instruction; car, sans aucune exception, les hommes sont par leur nature portés à la grandeur, et à la bonté, et exigent des talens suffisans pour les instruire de leurs devoirs, d'autant plus que la nature les a tous destinés à devenir pères ou mères ; fonctions qui certainement demandent un esprit éclairé. Pendant je demeurois à la campagne j'ai observé dans une étendue de pays considérable, qu'il n'y avoit que les rangs élevés qui trouvassent quelque difficulté à se procurer une éducation plus recherchée : ce n'étoit que parmi les gens de ces rangs que la perfection nationale et la civilisation mentale trouvoit des obstacles.

Si l'on m'objecte que je recommande une éducation littéraire pour tous les états, je dirai que les codes d'instruction mentale, dont j'ai donné un apperçu, n'ont aucun rapport aux sciences, et ne parlent que de connoissances utiles, et d'instructions simples, faites pour le commun des hommes, et donnés dans les termes les plus intelligibles, sans formes ni détails philosophiques.

Si l'on m'objecte, qu'il est à craindre que le plan de civilisation que je propose ne s'afoiblisse par la suite, et ne tombe, pour ainsi dire, en désuétude; je dirai: mais le bien qu'il fera à chaque particulier, et à la société en général, nous sera un garânt du contraire. Ses bienfaits lorsqu'une fois on les aura goûtés, le rendront plus cher aux hommes, et leur inspireront un nouveau zèle pour le suivre. Le gouvernement souverain, et les assemblées des départemens et des districts, l'appuieront de tout leur pouvoir, et veilleront à ce qu'on se conforme à ces codes dans toute l'étendue de la société. Et pourquoi le ministre du culte ne se rendroit-il pas utile, et de la plus grande importance pour le bonheur de la société, en en expliquant les motifs, en faisant sentir comment ils s'accordent avec les desseins de la création, et en en recommandant la pratique de la manière la plus propre à s'attirer les suffrages de tous les rangs?

Je proposerois de faire un établissement public, qui prendroit sur lui la charge de la civilisation de l'esprit humain. Il pourroit se faire que les ministres du culte se rendissent très-utiles aux campagnards et à la société en général, pourvu toutefois qu'ils s'obligeassent de n'enseigner d'autres principes que ceux qui conviennent à la république.

CHAP. III.

Le troisième objet dont j'ai à parler, très-essentiel aux intérêts de la société, c'est la médecine; je l'ai étudiée et pratiquée. La médecine, prise dans le sens le plus étendu, peut devenir d'une utilité bien plus générale et plus efficace que l'on ne se l'est imaginé jusqu'à ce jour. Lorsque cette science sera suffisamment cultivée, comme elle devroit l'être, et que tous ceux qui la professeront, joindront, à un degré suffisant, les connoissances et la pratique; elle deviendra un des arts les plus intéressans pour le genre humain, et prendra dans la société toute l'importance qui lui est due.

De cette manière, elle produira, parmi le genre humain, des avantages aussi étendus que réels; elle répandra ses bienfaits sur tous les citoyens; amie de tous, elle attaquera, jusque dans la chaumière du pauvre, tous les maux qui troublent le bonheur de l'homme, et tout ce qui peut le priver de la santé.

Lorsque je me suis enfermé, pour approfondir cette science, ainsi que celle de l'agriculture et de l'éducation publique, afin de découvrir les plus grands avantages possibles pour le genre humain, j'emportai avec moi différens traités et systêmes de médecine, dans le dessein de les examiner, de les comparer, d'en faire l'analyse, de pousser la pratique de la médecine aussi loin qu'elle est susceptible de perfection, et de découvrir la manière la plus utile pour en faire l'application à la société en général : il me parut que, sous ce point de vue, la médecine, considérée comme science, étoit amplement capable de rendre aux hommes tous les services qu'on est en droit d'en attendre : et je vais donner, en peu de mots, une idée de mes moyens.

Il y a en Angleterre plusieurs personnes douées

de grandes connoissance, qui pratiquent la médecine; mais si l'on compare le nombre aux besoins de la société, on trouvera qu'il est infiniment petit; car ces connoissances devroient être généralement répandues, si l'on vouloit que toute la société en profitât également. Il existe un grand nombre d'observations utiles, qu'on trouve dans de bons livres, et entre les mains des personnes de cette profession, qu'il seroit à propos de recueillir et de bien digérer. Ainsi on pourroit en retirer les plus grands avantages, si on en faisoit un recueil, pour ensuite les communiquer, ce qui seroit très-aisé à faire, à tous ceux qui professent la médecine, et chérissent la patrie.

Lorsque cette science sera aussi universellement connue, il est certain qu'il s'y fera tous les jours de nouvelles découvertes; et nous pouvons assurer qu'on parviendra à une théorie raisonnée, qui produira des effets aussi avantageux que ceux qu'a produit dans la physique, la découverte de l'attraction. Elle arrêtera le cours de toutes les vaines conjectures, auxquelles on se livre souvent, et présentera à la place d'hypothèses des faits certains.

Enfin, il est possible de fixer les principes de la médecine, et d'en déterminer la pratique d'une manière précise et généralement connue, et de donner à ce système une base si solide, que tous ceux qui professeroient cet art, pourroient les comprendre sans peine, et que tout homme attaqué de maladie seroit sûr de trouver une personne capable de la bien traiter. C'est en suivant ce plan que l'on pourroit étendre l'utilité de la médecine, selon l'idée que j'ai donnée dans un des ouvrages présenté à la Convention, dont le titre est : *Amélioration de l'art de la médecine, selon les idées de Franklin*, dont le but est de démontrer les moyens de réaliser l'opinion du docteur Franklin ; savoir, que l'on peut rendre à l'homme cette vieillesse patriarchale du premier âge du monde ; et que la médecine, dont l'utilité paroît aujourd'hui renfermée dans des bornes si resserrées, est une source inépuisable d'avantages pour la société.

Je présenterai aussi un plan d'éducation médicinale, inconnu en Angleterre, dont l'exécution rendroit la médecine aussi profitable au genre humain qu'elle peut l'être. Certainement, il existe des méthodes plus utiles que celles qu'on suit à présent, pour rendre les jeunes gens habiles et capables d'exercer la médecine, pour inculquer de la manière la plus simple, dans leur esprit, les vérités nombreuses et compliquées de cet art, et pour y faire, en même tems, les impressions les plus heureuses.

Cependant, pour donner à la médecine cette étendue et cette perfection, et pour en retirer tous les avantages, il faut l'aide du gouvernement, et cela pour les mêmes raisons et de la même manière que celles que j'ai énoncées en parlant de l'agriculture. Mais la dépense ne seroit pas considérable ; et, comme il n'y auroit que ces objets, l'agriculture et l'éducation publique, qui exigeroient des avances de la part du trésor public, j'imagine qu'il n'y auroit aucun obstacle à craindre de la part du gouvernement, dont le premier objet est la prospérité et la félicité publique.

Je ne puis terminer cet article, sans observer que je n'ai point négligé l'étude des maladies auxquelles sont sujets les animaux que l'on emploie à l'agriculture, ni celle de la manière de les guérir. On trouvera, dans mon *Essai sur l'art d'améliorer les terres*, et dans mes autres ouvrages de ce genre, les moyens de pousser l'art vétérinaire au degré de perfection nécessaire.

CHAP. IV.

Je vous ai présenté les trois articles précédens, je crois pouvoir le dire, sous un nouveau point de vue, et d'une manière plus intéressante qu'ils ne l'avoient été jusqu'à présent. Je l'ai fait avec d'autant plus de confiance, que je puis me flatter d'avoir acquis dans ces trois genres assez d'expérience, et que je suis d'ailleurs bien persuadé qu'on peut les conduire à leur perfection, par exemple, l'histoire naturelle, science bien plus compliquée et moins intéressante pour le genre humain, que, sur la recommandation de Linné, on s'est occupé dans ce siècle à porter à un haut point de perfection. Vous avez donc à former trois codes de la plus grande importance pour ce qui regarde l'agriculture, la médecine et la civilisation mentale ; ou pour ce qui regarde les alimens et la santé du corps, et la culture et l'instruction de l'esprit, ou, en d'autres termes, pour ce qui regarde les trois principaux objets de l'humanité. D'autres nations feront de semblables codes ; elles y feront des additions et perfectionneront votre ouvrage : alors vous pourrez dire : Dieu a créé le monde, et les François ont appris aux hommes à répondre aux vues de la création.

CHAP. V.

Les arts, les manufactures et les méchaniques forment le quatrième point intéressant pour la société ; les sciences, le cinquième, et les beaux arts, le sixième.

Je vais considérer ces trois objets conjointement avec les améliorations nationales, dont il n'a pas été, ou ne sera pas fait mention ailleurs, sous un seul et même point de vue : car, en général, on est par-tout également porté à les connoître et à les perfectionner. D'ailleurs, les différens gouvernemens les ont encouragés, mais plus particulièrement la France, où le grand progrès qu'ils ont faits, quoiqu'éloigné du degré de perfection où ils peuvent être portés, les a mis sur un pied respectable ; et moi-même, je me suis déja fort étendu sur les moyens de perfectionner l'agriculture, la médecine et la culture de l'esprit.

Quoique je ne fasse qu'effleurer ces objets, je n'en suis pas moins persuadé de leur importance pour les besoins de l'homme. Car je regarde même les beaux arts seuls, comme des objets de la plus grande conséquence, et je désire de voir rendre la forme de l'organisation civile aussi parfaite et aussi exempte de défauts, que sa substance elle-même, que les organes qui lui donnent sa vigueur, et les fonctions qui la mettent en mouvement.

La somme des moyens que je propose tant pour perfectionner les arts, les manufactures, les méchaniques, les sciences, les beaux arts, que pour atteindre à toutes les améliorations nationales, de quelque nature qu'elles soient, c'est, de les cultiver avec l'industrie et le courage convenable ; — d'avancer le peu d'argent nécessaire pour les établir et les faire réussir ; — de se procurer au-dedans et au-dehors tous les éclaircissemens possibles ; — de s'appliquer particulièrement à acquérir des connoissances utiles ; — de protéger le mérite ; — de trouver des moyens convenables de faire des essais et des épreuves suffisantes pour confirmer, adapter et préparer les connoissances utiles, et les réduire en pratique : — d'établir des écoles, des colléges, des sociétés, qui sont des endroits nécessaires pour cultiver et enseigner les sciences et les différentes améliorations nationales ; — d'en faire part aux assemblées des districts et des départemens ; — de leur donner tout l'encouragement possible, et d'établir dans chaque département, une société à cet effet ; — de choisir un gouvernement exécutif, qui soit porté à cultiver, et perfectionner les différentes progrès ; — de prendre des mesures vigoureuses et promptes pour introduire et exécuter des plans sages, prudens et bien réfléchis ; — de chercher et employer un petit nombre de personnes d'un génie civique adapté aux différentes occasions, dans lesquelles ils doivent agir ; — d'encourager le génie civique d'amélioration, qui consiste dans une pratique des arts de la paix, dans des idées simples, mais grandes et étendues, dans une observation juste, et dans l'interprétation fidelle de la nature, dans la célerité et la vigueur à mettre en pratique les remarques et les observations utiles; — de publier des dissertations simples et claires, sur ce qu'on désire qui soit universellement connu; — de développer les moyens avantageux d'introduire les améliorations, et dans chaque département au moins un tableau ou exemple d'une grandeur suffisante des différentes améliorations qui lui conviennent le plus.

CHAP. VI.

Le septième objet intéressant pour la société, est la distribution convenable d'un pays en petites subdivisions. Ceci peut servir à plusieurs fins importantes ; telles que les intérêts particuliers de chaque subdivision, la nomination des membres du gouvernement législatif, et la meilleure administration des affaires particulières. Je vais donner, en finissant cet article, un précis de ces avantages.

Je vous présenterai le plan de cet objet, et de l'article suivant, dans les mêmes termes que je les avois rédigés pour servir à l'agrandissement de l'Angleterre, avant même qu'il y eût aucune probabilité de la régénération de la France. Car quoique la législature ait ordonné les différentes subdivisions de la France, le présent chapitre est nécessaire pour comprendre notre système. J'y demandois que, pour faire des subdivisions convenables du pays :

1°. On divisât le pays en districts de dimensions d'environ trois ou quatre lieues carrées, et les villes en divisions (1) de grandeur convenable et proportionnée.

Je n'ai pas proposé de faire en Angleterre une division subordonnée des districts en cantons, parce que j'ai prévu qu'il se trouveroit un trop grand nombre d'obstacles et d'inconvéniens. L'habitude au moins auroit familiarisé les Anglois avec de tels remplacemens pour les cantons, quelqu'objection qu'on eût pu faire. Les avantages qu'on auroit retiré des paroisses, pouvoient encore contribuer à en assurer la continuation.

Les cantons ne sont pas de la même nécessité pour le soutien d'une régénération nationale, puisque la protection des pauvres, et l'entretien des grands chemins, doivent être à la charge du public en général, pour en confier le soin à des agents dignes de cette commission, et non à des gens nommés par les paroisses.

Nous sommes persuadés du mérite de notre plan pour la subsistance des pauvres, ainsi que d'un autre que nous avons tracé pour l'entretien des grands chemins en général. L'expérience en prouve clairement l'excellence. Par ce moyen, les pauvres et les chemins seroient heureusement à

(1) Les observations sur les districts peuvent, en général, s'appliquer à ces divisions.

la charge du gouvernement, au lieu qu'à présent les paroisses en Angleterre en sont chargées; et les pauvres et les chemins sont des sources continuelles de dissension et de troubles domestiques, à raison de leur mauvaise administration.

2°. En départemens, qui consisteroient chacun d'un certain nombre de districts.

3°. Chaque district et chaque département devroit avoir un pouvoir protecteur ou paternel, pour veiller au bien-être général, mais sans avoir jamais, ou du moins très-rarement, d'autorité compulsive. Ils ne devroient point avoir l'administration des affaires publiques. Je serois d'avis qu'on ne donnât point de pouvoir exécutif aux assemblées des districts ou départements, ni à aucune assemblée populaire. Ils ne pourroient remplir ces fonctions qu'avec beaucoup de peine, et de désavantage, sans parler des différents embarras qu'ils éprouveroient, à raison du genre des affaires publiques, dont l'assemblée constituante les avoit chargés. Ces assemblées, ou leurs agens, ne pourroient être formées à de telles fonctions ou assujetties au contrôle nécessaire : personne ne pourroit les surveiller et leur faire rendre compte. Elles ne tiendroient aucuns registres exacts de leurs opérations, et enfin n'auroient aucune des qualités requises pour être administrateurs, ce dont je parlerai tantôt. Comme collecteurs et faisant l'assiette des impôts, ces assemblées

semblées d'administration ainsi que leurs agens, vraisemblablement les imposeront, et seront exposés à être soupçonnés d'injustice et de malversation, soit qu'il y ait raison ou non. De-là surviendront continuellement des dissensions et des agitations ; et de plus, il est presque certain qu'ils ne seront jamais que de mauvais collecteurs d'impôts, incapables d'économie.

Les affaires de l'état, et en général toutes les affaires publiques, qui ne peuvent être administrées sans agens, seront beaucoup mieux conduites, et d'une maniere sans contredit plus satisfaisante, par ceux du public, dont nous allons parler bientôt. On ne peut former aucune objection contre eux, parce que maintenant le gouvernement de la France est entièrement républicain, et on n'a plus rien à craindre du pouvoir des rois. Les employés qui seroient en général à la disposition du gouvernement législatif, peuvent être, ainsi que je vais le prouver par la suite, dirigés d'une manière avantageuse aux intérêts de la nation, et les fonctionnaires publics, tels que je les propose, ne pourront pas exercer une autorité illégale.

4°. Des officiers subalternes du pouvoir exécutif dans les districts et départements, tels que les marguilliers et officiers de paix, devroient être nommés et déplacés à la volonté des assemblées des départemens, et d'ailleurs surveillés par les assemblées des districts.

5°. Il devroit y avoir des assemblées populaires, ou primaires, ainsi qu'on les appelle actuellement en France. Elles choisiroient les membres du gouvernement législatif, et des assemblées de districts et de départements, et pourvoiroient à tout autre objet public qu'on jugeroit convenable. Je soutiens qu'ils doivent absolument choisir eux-mêmes tous leurs représentants, et les membres des assemblées, dans les districts et départemens. Mais le pouvoir suprême nommera absolument tous les membres du pouvoir exécutif. Car ce principe, selon moi, doit être inviolable, et on ne doit pas s'en écarter. Je ne voudrois cependant pas qu'en Angleterre ces assemblées primaires eussent aucune autorité sur celle des paroisses, que je laisserois subsister telles qu'elles sont à présent.

Je termine cet article par un détail succinct des avantages qui résulteroient de la distribution d'un pays en subdivisions convenables, et des assemblées qui y seroient annexées. Il est bon de prévenir que tous ces avantages en sont des conséquences certaines et naturelles, et dont on peut s'assurer. Car leurs usages et leurs administrations seront pleinement connus, et confirmés par leur nombre et par leur régime, étant le même dans chacune des subdivisions. Tous les progrès, et toutes les nouvelles connoissances enfin deviendroient communs à toutes.

Entr'autres avantages qu'on en retirera, ce que les différentes assemblées protégeront le peuple contre toute espèce de mauvais traitement. Chacun leur portera ses plaintes, et ces assemblées dans plusieurs circonstances seront autorisées d'appuyer les droits de ceux qui ne pourroient pas se faire rendre justice. Elles seroient les amis, les bienfaiteurs, et les conseillers du peuple. Elles seroient les organes, par lesquels passeroit, repasseroit et se communiqueroit tout ce qu'il y auroit d'utile et d'avantageux dans toutes les parties de la nation. Elles maintiendroient avec toute l'énergie possible, le respect et les égards dus en général à la vertu, à l'humanité et au patriotisme. Elles seroient aussi chargées de surveiller le gouvernement législatif et le pouvoir exécutif, mais avec circonspection, quoique sans rien pallier, aussi bien que de leur faire passer les renseignements importants qu'ils pourroient se procurer. Elles fourniroient aussi les occasions d'employer des fonctionnaires publics d'une intégrité irréprochable, qui est un des objets les plus importans au bien-être de la société, et dont je vais parler à l'instant.

Au moyen de la subdivision des districts, les

membres du gouvernement législatif peuvent être choisis bien plus convenablement dans les endroits où demeurent les électeurs. C'est un moyen indispensable d'avoir des représentans d'une manière plus égale et mieux proportionnée. Un autre avantage, c'est que les assemblées des districts et de départemens remplissent et occupent le grand espace ou vuide qui se trouve entre le peuple et les membres du gouvernement. Elles peuvent prendre connoissance des circonstances locales et des avantages particuliers aux différens endroits auxquelles le gouvernement souverain législatif ne peut porter son attention. Enfin, elles seront bien utiles pour procurer tout ce qui peut être avantageux aux districts et départemens, dont elles auront l'inspection.

Les améliorations locales des différentes parties d'un pays où on en peut établir, (et il en est peu qui n'en soient susceptibles) sont un des objets les plus intéressans à la société. Je crois avoir éclairci cette matière avec quelque degré de mérite, dans un petit ouvrage que j'ai mis sous nos yeux. J'ai proposé les moyens de rétablir et d'améliorer un endroit de quelqu'importance en Angleterre, qui avoit beaucoup déchu de son ancienne splendeur. J'y ai fait voir quels étoient ses avantages naturels, et quelles ressources essentielles elle possédoit dans son sein, qui non-seulement étoient suffisantes pour lui faire recouvrer sa situation passée, mais aussi pour la rendre plus riche et plus florissante.

CHAP. VII.

Le huitième objet intéressant pour la société, est d'établir une administration publique par toute la nation, qui puisse pourvoir à toutes les affaires dans l'étendue de la République.

J'ai proposé le plan d'une telle administration en Angleterre ; mais comme il demanderoit trop de temps pour le faire connoitre, je ne parlerai que des points principaux. Pour prouver les grands avantages qu'il peut rendre, il suffit de démontrer qu'en le mettant en pratique, on pourroit entièrement liquider la dette énorme de l'Angleterre, et faire réussir toutes les améliorations qui sont nécessaires pour atteindre à la perfection nationale.

C'est faute d'une pareille administration que les pouvoirs exéutifs de toutes les nations ont manqué, à un degré si considérable, de contribuer d'une manière fidèle au bien-être et au bonheur des citoyens. C'est par la même raison qu'ils n'ont pas pu réussir dans l'exécution des points essentiels, qui constituent l'état parfait de la société. Dans les mesures qu'ils ont prises en différents temps pour arriver à ces fins, ils n'ont pas été plus fermes que ne l'est un homme qui marche sur des échasses. On pourroit encore les comparer, dans la manière dont ils ont suivi ces mesures, à un homme qui, ayant perdu ses doigts, voudroit, par ses bras, toucher du clavecin. L'administration que je propose, remédie à cette malheureuse incapacité, et supplée à ce pitoyable défaut de pouvoir et d'énergie. Législateurs, vous ne pourriez pas manquer d'être convaincus de ces vérités en parcourant mes plans, et en considérant les différents usages et les différents projets, pour lesquels ils pourroient être employés, ainsi que je l'ai prouvé dans mes différents ouvrages.

Les articles suivans renferment une courte analyse du plan général de cette administration, qui seroit composée :

1°. D'un bureau primaire, qui seroit subordonné au pouvoir exécutif, et en cas de nécessité on pourroit y ajouter des bureaux subalternes.

Ce bureau sera parfaitement en état de remplir les vues nationales, et d'exécuter tous les projets d'un gouvernement bien organisé. Je propose qu'il soit composé de personnes très-capables ; qu'on leur donne tous les renseignemens possibles ; qu'elles pesent bien et examinent avec attention les plans qui leur sont confiés ; qu'elles emploient efficacement tous les différens moyens et règlemens.

2°. D'un nombre suffisant d'employés qu'il faudroit établir selon un bon esprit de régime dans chacun des districts ou départemens sous le soin et l'autorité du bureau primaire. Ils devroient être actifs, intelligens et capables à tous égards de remplir leurs fonctions. Il faudroit les instruire soigneusement en leur donnant toutes les connoissances nécessaires, en leur faisant subir des examens, et en les initiant dans la pratique. Il faudroit aussi leur faire exercer leurs différens devoirs d'une manière régulière. Il seroit nécessaire d'exciter leur zèle, de les réprimander, s'ils le méritent, et de leur faire dresser un procès-verbal de leurs procédures, et rendre les rapports les plus exacts au bureau primaire. Les employés supérieurs seroient tenus de veiller la conduite des inférieurs; mais ils se contrôleroient réciproquement. De cette manière on aura une administration bien moins dispendieuse, qui suffiroit à toutes les affaires intérieures sans être entravée d'une manière sensible.

3e. Des assemblées de districts, qui députeroient tour-à-tour leurs membres ou autres personnes convenables, comme moyens secondaires de contrôle. Mais elles devroient soigneusement veiller à ce qu'aucune administration ne blessât les droits de qui que ce soit.

CHAP. VIII.

Le neuvième point intéressant pour la société, c'est la religion. Je me trouve plus embarrassé à considérer cet objet que toute autre chose. — Il paroît qu'en France baucoup de monde ne peut se faire une idée d'un culte dominant, tandis que d'autres ont de la peine à s'en détacher. — Je tâcherai de proposer un moyen entre les deux extrêmes, et la saine politique ne pourra que l'approuver, je pense. Je ne soumettrai à vos lumières, sur cet article, que trois principaux objets susceptibles de réforme, auxquels la société a le plus grand intérêt.

1°. Que l'hommage rendu au Créateur soit simple, mais qu'il soit en même temps pathétique et plein de dignité. Il faut éviter tout ce qui a un air d'adulation, tout ce qui est affecté en s'adressant au Tout-Puissant.

Il suit donc que les cérémonies religieuses ne doivent pas être longues; ce qui laissera aux hommes le temps suffisant de cultiver leur esprit; ainsi le septième jour seroit consacré à des occupations en même temps utiles aux vrais citoyens.

2°. Que le second objet de la religion soit de former les ames, pour les rendre sages, sensibles, vertueuses, en développant leurs connoissances, et en augmenter l'énergie de leur caractère; enfin, que la civilisation mentale, dont j'ai déja parlé, soit constamment une partie essentielle des devoirs des pasteurs.

3°. Les différentes opinions en matière de religion, a malheureusement allumé des querelles et semé des divisions parmi le genre humain. Ces différences cependant ne doivent apporter aucun obstacle aux sentimens de la fraternité universelle qui devroit régner parmi les hommes.

Un moyen de prévenir ces différences d'opinion, seroit d'éviter ou d'interdire absolument toute matière de controverse.

Il y a dans le monde de peuples qui ne sont pas chrétiens, et dans l'Europe il y en a beaucoup qui ne croient pas à la religion révelée. Ce seroit leur faire un tort considérable, à raison de leur nombre, de les priver des avantages de la religion, que nous nous proposons de rendre d'un service étendu.

D'après les raisons que je viens d'alléguer, je crois qu'il ne seroit pas mal-à-propos de consacrer certains jours au culte de Jésus-Christ, sans le joindre à celui du père. Ce qui pourroit se pratiquer, en choisissant, pour cet effet, de trois dimanches l'un. On ne sauroit objecter qu'un tel sacrifice, fait à l'union et à la bonne intelligence du genre humain, ne renferme en soi aucune impiété.

Comme les intérêts de la religion ont de l'influence sur le bien-être de la société, il est d'autres objets qui demandent attention, et que je vais toucher en peu de mots ; savoir : 1°. on pourroit veiller à l'education du clergé assermenté dans les institutious nationales, sans en charger les évêques ; 2°. l'institution, dans les différents départemens, d'une police réglée qui assujettisse le clergé ; mais quant à cela, l'assemblée y a suffisamment pourvu ; 3°. d'exempter le clergé de toutes les charges qui lui sont incommodes, sans procurer aucun bien ; 4°. un nombre suffisant de curés, de vicaires et d'ecclésiastiques supérieurs en proportion ; 5°. d'accorder au clergé un salaire suffisant, aux dépens de la nation ; car je pense que l'assemblée constituante, encore qu'elle se soit occupée d'une manière exemplaire du sort des vicaires, leur a malgré cela accordé des pensions trop modiques. Je me flatte, législateurs, qu'en considérant avec attention les grands services que peut rendre le clergé, vous lui accorderez une subsistance suffisante.

Outre cela, nous croyons qu'il est nécessaire, pour rendre plus complet le plan que nous venons de proposer, d'ajouter : 1°. que le clergé puisse aisément, dans l'espace de deux ans, si l'on adopte mes idées, inculquer ces différentes doctrines de la civilisation mentale, et leur donner cette force de persuasion dont l'éloquence dont la religion les rend capables; 2°. que les différens objets de la civilisation mentale peuvent admettre tous les charmes et toute l'harmonie de la poésie; 3°. ce seroit la meilleure manière de résoudre la question de savoir, si vous aurez ou non un établissement ecclésiastique, que de la former sur le plan que je propose. Alors il rempliroit les vues les plus importantes pour le bien public, sans cependant donner lieu aux objections que l'on fait ordinairement contre tout établissement de cette espèce. Alors tout homme qui acquiesceroit aux conditions ci-dessus, auroit les qualités nécessaires pour devenir bon pasteur. Car j'ai déja indiqué dans le second chapitre comment on peut empêcher les ecclésiastiques de nuire à la République.

CHAP. IX.

Le dixième point intéressant pour la société, c'est la jurisprudence et tous les accessoires qui viennent nécessairement à son appui.

Comme je me suis déja assez étendu dans cet essai, je ne me permettrai plus que quelques observations. Je dis donc :

1°. Que toutes les loix utiles et salutaires doivent être faites pour le bien public, et que les loix actuelles doivent être réformées :

Qu'elles doivent être rédigées et exprimées de la manière la plus claire, ensuite publiées en un seul volume, afin qu'elles puissent être aisément comprises par les gens d'une capacité ordinaire, et circuler parmi le peuple, qui doit en avoir une connoissance suffisante :

Qu'il doit y avoir, dans les lieux les plus convenables de chaque département, des tribunaux qui n'entraînent pas dans des dépenses excessives, mais qui soient défrayés aux dépens de l'état, pour administrer les loix de la manière la plus avantageuse à la situation des habitans :

Que la punition doit être accompagnée de toute l'indulgence possible, et dictée par des motifs de tendresse, excepté dans des cas graves, où la peine de mort devient nécessaire, mais qui sont en bien plus petit nombre qu'on ne le pense généralement. Pour cet effet, on pourroit, au lieu de verser le sang du coupable, le reléguer dans un endroit isolé ; mais cela ne devroit avoir lieu qu'après condamnation. Outre cela, si les crimes punis de cette manière avoient été portés à un degré d'atrocité extraordinaire, on auroit soin que ceux qui s'en seroient rendus coupables, restassent (la détention expirée) sous les yeux et sous l'autorité des magistrats des districts, employés aux différens ouvrages qu'on leur procureroit. Il ne faudroit même qu'un très-petit nombre de pareils endroits, car les crimes, qui encourroient les peines portées par les loix, deviendroient beaucoup plus rares, si on enseignoit au peuple à cultiver son esprit ; si on répandoit dans la société la doctrine de la civilisation mentale, ainsi que nous l'avons déja remarqué ; et si on établissoit des assemblées de district et une police bien réglée, qui veillassent continuellement à tout ce qui pourroit contribuer au bonheur de la nation :

Que l'emprisonnement pour dettes doit cesser absolument, aussitôt que le débiteur, conformément à la loi, aura cédé tout ce qu'il possède à son créancier.

Quelque persuadé que je sois, qu'il est facile de mettre tous ces points en pratique, je ne puis cependant m'empêcher de prévoir les entraves et les difficultés de toute espèce, auxquelles nous expose l'application des loix. C'est pourquoi je prétends que leur interprétation, tant en matière civile que criminelle, doit être confiée à des gens de mérite, qui s'adonnent entièrement à la jurisprudence, pour pouvoir, avec les jurés, déterminer l'espèce de jugement qu'ils doivent rendre.

2°. Il devroit y avoir des tribunaux supérieurs de justice, dont les uns seroient pour les affaires civiles et criminelles, et dont les autres seroient des tribunaux d'équité, mais en même tems chargés de recevoir les appels des sentences des cours civiles. Chacun d'eux seroit composé de juges experts, qui auroient la jurisdiction d'autant de départemens qu'ils pourroient convenablement visiter trois fois par an, pour rendre pleine et entière justice dans les cas qui ne seroient pas de la compétence des différens tribunaux subalternes. Les cours, après avoir rendu leur jugement, pourroient, ainsi que leur prudence la leur dicteroit, permettre aux parties de se pourvoir de nouveau.

3°. Il faudroit établir un tribunal suprême, où l'on porteroit les appels en dernier ressort. Cette cour seroit composée d'un certain nombre de juges, auxquels on pourroit ajouter quelques membres des assemblées des départemens voisins, et un certain nombre de personnes qui auroient été membres du gouvernement souverain, dont il sera parlé ci-après. Cette cour se réuniroit une fois par an à toutes les cours supérieures de justice, dont nous avons donné le plan, pour visiter les départemens de la République, l'un après l'autre. On pourroit encore former cette cour suprême, d'un certain nombre de juges instruits, qui se réuniroient aux membres de l'assemblée de révision, dont je parlerai plus bas, et former ainsi un tribunal en dernier ressort, qui seroit, en quelque sorte, semblable à la chambre des pairs d'Angleterre.

4°. Il faudroit créer aussi un tribunal subalterne, qui seroit chargé du maintien des loix dans autant de districts qu'il pourroit surveiller. Il consisteroit seulement en un avoué, qui rempliroit les fonctions de juge subalterne, auquel on donneroit des assesseurs, dont les fonctions répondroient à celles de vos prud'hommes ou des juges de paix en Angleterre. Ces officiers seroient tenus, de se rendre quatre fois par an, dans l'endroit le plus près du centre de chaque district, pour y décider les affaires qui ne seroient pas d'une assez grande importance pour être portées aux tribunaux supérieurs, et toute fois d'appeler les jurés, quand le cas l'exigeroit. Outre cela, ce juge subalterne, qui demeureroit dans le centre de sa jurisdiction, seroit obligé de se rendre, une fois la semaine, dans les endroits les plus près du centre des différens districts de son département, pour y exercer les fonctions qui sont à présent celles des juges de paix. En cas d'absence, comme il est des cas urgens, qui ne peuvent souffrir aucun délai, l'un des assesseurs, siégeroit à sa place.

Ce tribunal prendroit connoissance des matières renvoyées par l'assemblée constituante devant les juges de paix. Il est encore deux autres objets, contre lesquels ce tribunal séviroit en prononçant une peine plutôt infamante que pécuniaire, laquelle cependant ne devroit pas passer la somme de trois ou six livres. Je veux dire les petits larcins, et la négligence manifeste des journaliers, et des domestiques des fermiers, lorsqu'il y a récidive, et quand ils occasionnent quelque préjudice notoire aux intérêts du maître.

5°. Outre ces tribunaux, il devroit y en avoir un autre, celui de justice volontaire. Il seroit composé de sept jurés pris dans les districts voisins, qui seroient nommés par les assemblées de district, qui auroient le plus grand soin possible de ne fixer leur choix que sur des personnes capables, qui ne seroient parens d'aucune des parties. Leurs fonctions seroient de juger tous les différens, qui ne seroient pas d'une nature criminelle, avant que de les porter aux tribunaux supérieurs. Mais les personnes qui s'y pourvoiroient, ne seroient pas obligées de s'en tenir à leurs décisions. Elles paieroient une amende de quinze livres dans le cas qu'elles n'en appelassent pas à cette cour, ou qu'elles ne se soumissent pas à son jugement. Les parties auroient aussi la liberté, si elles le vouloient, de s'engager à y être jugées en dernier ressort. On doit se souvenir que les assemblées de district auront le pouvoir de les rejeter dans ce tribunal.

Les querelles d'honneur, peut-être, devroient absolument être terminées de cette manière. On doit exercer la plus grande sévérité contre elles ; et l'on devroit réciproquement convenir avec les autres nations de livrer les coupables qui se seroient soustraits aux jugemens des loix.

Je

Je finirai cet article en disant que je ne serois pas d'avis qu'on créât des cours de justice particulières (sous quelque dénomination quelconque) pour les affaires de réglemens de famille. Je n'aimerois pas des arbitres, devant qui ces points pourroient être réglés ; car j'ai remarqué qu'en Angleterre la partialité et trop souvent l'injustice s'en mêloient.

CHAP. X.

Le onzième point intéressant pour la société, est de fixer le moyen le plus avantageux et le moins onereux de lever les impôts, et d'administrer les finances.

Je ne me permettrai pas de faire aucune remarque sur l'état des finances en France. Je ne dissimulerai pas cependant, pour des raisons que j'ai déja alléguées, que l'assemblée constituante a agi avec toute la prudence nécessaire, en laissant l'imposition et la perception générale des impôts aux assemblées de département et de district. Car le moyen le plus avantageux de régir les finances (en supposant préalablement l'assiette des impôts faite avec discernement) est d'en confier le maniement à des agents intelligens, semblables à ceux dont il a été fait mention à l'article des administrations publiques.

Permettez-moi maintenant, Législateurs ! de vous faire observer, en général, de quel intérêt il seroit pour l'Angleterre, ainsi que je l'ai démontré d'une manière claire, de suivre le plan que je lui ai recommandé pour l'administration de ses finances.

Voici ce plan, 1°. d'ôter les droits onéreux d'entrée et de sortie, dont est chargée l'Angleterre, ce qui la mettroit en état de commercer d'une manière libre et généreuse avec le monde entier.

2°. De remplacer par d'autres impôts plus productifs, tous ceux qu'il n'est pas de l'intérêt de la nation de laisser subsister.

3°. Différentes entreprises, comme la poste, dont l'exécution seroit très-aisée; qui tourneroient entièrement au profit de la nation, et qui, sans gréver le peuple de la moindre chose, produiroient un revenu immense au gouvernement. Voici quelques-unes de mes propositions: de réformer les systêmes actuels de subsistance des pauvres, et de l'entretien des grandes routes; et, suivant un projet que j'avois proposé, d'établir le papier-monnoie d'une manière plus avantageuse, et une nouvelle forme de circulation préférable à tous celles qui ont été adoptés jusqu'à ce jour.

4°. De consolider les moyens les plus efficaces, afin de former l'admistration la plus énergique et la mieux organisée des finances, conforme aux véritables intérêts de la nation.

5°. Comme il est plus aisé de se procurer, au moyen des finances (vu la caution qu'elles offrent), un capital suffisant, pour exécuter nombre de projets d'une grande utilité publique, plutôt que de faire continuellement la guerre; nous avons trouvé un moyen assuré d'emprunter, pour l'encouragement de l'agriculture et des arts, qui contribueroient au bonheur d'une nation; par exemple :

Pour dessécher à fond les terrains trop humides; pour enrichir les terres à force d'engrais; pour embonner les terres par le moyen de mélanges convenables; pour couvrir d'eau des étendues immenses, et les fertiliser; pour planter des bois, lorsque cela est nécessaire pour améliorer le climat, et des haies vives, et pour construire les bâtimens nécessaires pour le bétail; et enfin pour mettre en valeur des propriétés incultes.

Mais, Citoyens, pour obtenir une connoissance parfaite de tous ces détails, il est nécessaire de vous renvoyer à un des ouvrages que vous avez bien voulu recevoir. Je dirai seulement, que ce n'est pas la faute de mes plans, si la dette nationale de l'Angleterre n'est pas liquidée; elle pourroit l'être, au grand bonheur de la nation, si l'on avoit voulu suivre le fil de mes opérations.

Quoiqu'il en soit, je ne croirai pas avoir perdu mes peines, si parmi les différentes ébauches que je vous ai présentées, celle que je vous ai communiquée sur les finances, peut vous être de quelque utilité, et je me flatte même qu'une fois bien entendue, elle pourroit procurer de grands avantages.

CHAP. XI.

Le douzième point intéressant pour le bonheur de de la société, c'est de maintenir la paix et l'union entre les nations, de vivre dans une sincère amitié l'une avec l'autre, et de se rendre réciproquement de bons offices, particulièrement en ce qui concerne l'échange des productions des différens pays et de leurs manufactures. Cet objet renferme tout ce qui est essentiel à la politique, à la guerre et au commerce.

Nous avons traité amplement le premier de ces objets, et nous avons prouvé en plusieurs occasions les erreurs du système politique de l'Angleterre. Nous avons dévoilé une vérité, qui combat absolument l'opinion dans laquelle a été jusqu'ici la nation Britannique; or, cette vérité est que son gouvernement a suivi un plan de politique aussi coupable qu'aucun autre peuple. Nous avons de plus démontré que la rénonciation à tout systême d'aggression politique, et l'encouragement des arts sont deux objets de la plus grande importance pour la nation.

Quant au commerce, nos plans en général prouvent évidemment leur utilité; savoir, la réforme des finances; la manière d'encourager l'agriculture ; les moyens d'agrandir le commerce et de faire fleurir les arts, les sciences et les manufactures.

Et quant à la guerre, nous avons proposé, avant que l'assemblée constituante ne le fît, de donner aux représentans du peuple le pouvoir qu'avoit auparavant le roi, de la déclarer. Il ne faudroit pas cependant oublier ou négliger l'art de la guerre. La jeunesse de chaque pays devroit l'apprendre, non seulement comme le moyen le plus sûr de maintenir et de venger les droits de la liberté et de l'égalité, mais comme un talent inestimable et comme un ornement du corps. A cet effet, il faudroit avoir dans les différens départemens, des officiers versés dans le maniement des armes, et qui l'enseignassent à la jeunesse comme un moyen de défense nationale, avec toute l'exactitude et la précision possible.

Il faudroit qu'il y eut aussi un corps de troupes permanent, quoique, suivant les apparences, il ne seroit nullement nécessaire. Il seroit même à propos de rendre perpétuelle la connoissance que vous avez de vous servir des armes. Car ce sont des moyens indispensables dont il faut faire usage pour prévenir le retour de l'ambition démesurée et de la manie de faire des conquêtes, ou pour en arrêter les progrès, si elles reparoissoient. Ces monstres, tandis que vous vous croirez en sûreté à l'abri de vos sentimens d'humanité et de philantropie, renaltront, si l'on n'a pas les moyens requis pour s'y opposer. Il est donc nécessaire d'avoir toujours une armée sur pied. En outre, les différens districts devroient entretenir chacun une milice, qui seroit instruite et passée en revue à des temps fixes.

Le moment cependant approche, il est presque arrivé, que toutes les nations seront réunies sous les drapeaux de la liberté, et attachées l'une à l'autre par les liens de l'amitié et par des besoins réciproques. Le monde entier, citoyens généreux, n'attend que l'issue des résolutions de votre Convention, et les efforts de la nation en général. La grande cause universelle dont vous êtes chargés, semblable au firmament, doit s'étendre sur tous les climats.

Il est de l'intérêt des nations, non-seulement de se réunir par tous les liens de la paix, mais de coopérer à la prospérité les unes des autres. Ainsi elles ouvriront dans tout l'univers des sources inépuisables d'une félicité, qui jusqu'à présent leur a été inconnue. Elles applaniront le chemin vers un bonheur éternel, et faciliteront es moyens de faire un commerce libre dans outes les parties du globe.

D'un côté, la civilisation des peuples sauvages, et la culture des pays inhabités sera long-temps un moyen d'augmenter, au total, les productions, et conséquemment contribuera au bonheur général du monde entier ; de l'autre, les nations civilisées se procureront l'une à l'autre les fruits de leur travail, dont elles n'avoient auparavant aucune idée, ou dont elles ne jouissoient qu'imparfaitement. L'Angleterre verra la France régénérée et devenue une république, qui fera couler sur ses tables des vins purs et délicieux de toute espèce. La France en échange, partagera avec l'Angleterre le produit de ses mines, et ses ouvrages en fer, en acier, etc. C'est ainsi que les nations qui habitent des climats différens, trouveront, l'une chez l'autre des ressources particulières, qui loin de mettre des entraves au bonheur et à la prospérité de chacune d'elles, serviront au contraire à les cimenter.

Les nouvelles colonies seront elles-mêmes représentées suivant leur population, dans la mère patrie, en supposant toutefois qu'elles ne soient pas d'une trop grande étendue. Ou bien elles pourront avoir leurs représentans au milieu d'elles, se faire des loix, et cependant agir de concert avec la métropole, ainsi que cela se pratique dans les colonies de l'Angleterre. Car ces colonies pourront rester unies à la mère patrie, et députer les agens publics à l'assemblée nationale, jusqu'à ce qu'il soit nécessaire d'en faire des nations séparées à raison de leur accroissement.

Les nations s'obligeroient d'envoyer des députés au congrès général du monde entier, qui se tiendroit tous les ans, ou aux différens congrès qui pourroient se tenir de même dans chaque partie du monde, et dont chacune recevroit un député de chacune des trois autres parties du monde. Chacun des députés promettroit, au nom de ses concitoyens, d'entretenir la paix, feroit connoître les infractions qui auroit été faites contre la ligue générale, et offriroit des moyens qui pourroient tourner à l'avantage de chaque nation, ou du monde entier. Chaque pays doit fournir les productions qui lui sont propres, et dont les autres nations peuvent avoir besoin : on doit les présenter en abondance, d'une manière grande et généreuse, par un système de commerce réciproque, sans y intéresser les gros capitalistes, et sans monopole ; et cet échange doit se faire de telle sorte qu'il n'entraîne point la discorde des nations, et les fléaux destructeurs de la guerre. Ainsi l'homme apprendroit à aimer tout le genre humain et cette idée mérite bien que chaque société s'en occupe. Tout étranger qui désireroit être naturalisé chez une nation, où il croiroit que la fortune lui offriroit des avantages et une situation heureuse, y seroit admis au rang des citoyens, pourvu qu'il donnât des preuves suffisantes de sa fidélité à la nation à laquelle il seroit affilié.

CHAP. XII.

Le treizième objet intéressant pour la société, c'est d'adopter un moyen sûr pour que l'homme civil jouisse des avantages qu'il a droit d'attendre de la société, en conséquence des droits naturels qu'il abandonne.

A cet effet il convient qu'il élise et nomme personnellement et non par représentation, les membres du gouvernement législatif, auquel il doit obéir, et de tout pouvoir chargé de ses droits. De là il suit qu'il doit absolument élire tous les membres tant du gouvernement législatif que des assemblées des districts et des départemens. Les gens les plus simples auront naturellement assez de lumières pour être en état de choisir des représentans dignes de leur confiance. L'exercice de semblables élections deviendra familier ; et il doit être conservé dans toute sa pureté pour former un bon républicain. Mais ordonner que le peuple élise par députation, c'est donner entrée à une espèce d'aristocratie dans la société.

Ce n'est pas une garantie suffisante pour un citoyen, que de choisir lui-même, sans aucun intermédiaire, les différens fonctionnaires publics; mais en outre il ne doit déléguer ses droits que pour un espace de temps très-court, qui ne devroit pas excéder un an : des raisons importantes pourront exiger une nouvelle élection, mais les mêmes personnes ne devroient jamais être élues plus de deux fois en quatre années. Comme le gouvernement législatif est représentatif, il doit être supérieur à tout, et jouir du pouvoir du souverain ; mais aussi comme le pouvoir, qu'on lui donne, est presque sans bornes, il ne doit pas exister plus d'un an.

Le droit de choisir un représentant dans le gouvernement législatif, ou dans les assemblées de district, ou de département, existe dans les citoyens ou dans la population, et nullement à raison des propriétés foncières ou mobiliaires. Dans une république tous les hommes sont égaux, et conséquemment toute prétention à des élections, fondées sur de semblables motifs, doivent, en détruisant cette égalité, nuire infiniment à la république.

Or, tout homme comme citoyen, a le droit de donner son suffrage dans ces élections. Cependant, je crois qu'il est à propos de ne pas accorder ce droit aux mineurs, ni aux personnes privées de leur liberté; car dans une société bien réglée, il n'y a que les débiteurs frauduleux, qui soient emprisonnées. Les domestiques au-dessous de trente ans n'en doivent pas jouir, parce que depuis vingt ans jusqu'à trente, ils deviennent ordinairement plus indépendans, souvent par le mariage; il est donc inutile de les interrompre plutôt dans leurs occupations pour se trouver aux élections ; et en outre qu'il leur est avantageux, pour d'autres raisons, de ne pas jouir de ce privilège avant d'avoir atteint cet âge.

Il n'est nullement nécessaire, citoyens-législateurs, de parler des autres règles à observer dans l'exercice des droits d'élection. Je n'entrerai point dans le détail des avantages que l'homme recueilleroit dans la société. Il suffit d'observer qu'il doit participer à tout ce que l'amélioration des objets peut promettre ; savoir, d'être protégé tant au-dehors qu'au-dedans ; de recevoir l'instruction que l'éducation publique, ou la civilisation mentale procure, comme étant un objet de la plus grande importance dans le monde moral ; de vivre de l'abondance que procurera l'agriculture perfectionnée ; de jouir amplement de tous les secours de la médecine dans ses différentes maladies ; d'éprouver tous les soulagemens possibles, quand il se trouve réduit à un état de pauvreté ; et de mener, en remplissant les devoirs de son état, quel qu'il soit, une vie paisible à l'abri des loix, et de goûter tous les plaisirs qu'offrent à l'homme le spectacle de la nature, et les productions des arts.

Mais le peuple devroit être le principal objet, à la majesté duquel on devroit rendre le respect et la considération la plus marquée. Le gouvernement législatif, et le pouvoir exécutif, ne doivent pas être environnés d'aucunes marques de supériorité. Ce sont les droits du peuple, lesquels étant usurpés, portent toujours préjudice à la république. Les distinctions des rangs doivent disparoître devant le peuple. Il est temps qu'on cesse de regarder le peuple avec dédain ; car parmi presque toutes les nations on méprise la condition qu'on croit au-dessous de soi ; ainsi le peuple se trouve par-tout avili. La chaumière devroit se trouver où est le palais, et l'inégalité ne devroit plus rompre les liens de l'harmonie et les sentimens de l'estime réciproque qui devroient régner entre chaque citoyen. L'étiquette et la politique futile, devroient céder au bonheur de l'agriculture, et à la sagesse d'un peuple instruit et de bonnes mœurs ; et il faudroit que le peuple fut par-tout à la place des nobles et des rois.

CHAP. XIII.

Le quatorzième objet intéressant pour la société, c'est la formation d'un gouvernement parfait.

Je ne prétends pas m'arrêter aux différents objets que je propose dans mon ouvrage. Je crois qu'ils mériteroient à peine votre attention, s'ils ne vous étoient pas présentés d'une manière simple et claire, et qui en fasse sentir toute l'importance. C'est pourquoi je réduirai cet article aux points suivans.

1°. Que le pouvoir souverain doit être composé d'un corps législatif, élu par le peuple, comme il est dit dans le chapitre précédent, et revêtu de l'autorité suprême.

2°. Qu'il devroit y avoir une assemblée de révision, subordonnée au gouvernement législatif, qui seroit élue par le peuple, à laquelle le gouvernement législatif présenteroit toutes les loix qu'il auroit dessein de faire, afin de peser dans sa sagesse celles qui mériteroient d'être sanctionnées, et de renvoyer pour une délibération ultérieure celles qui exigeroient un plus mûr examen. En cas que le gouvernement législatif n'eût pas égard aux remontrances de l'assemblée de révision, celle-ci les feroit passer aux assemblées des différens départemens et districts, lesquelles, ou le peuple, s'il le vouloit, pourroient les faire examiner, et ensuite présenteroient telles pétitions qu'elles croiroient nécessaires au gouvernement législatif, ou donneroient des instructions sur l'objet en question aux représentans de leur département pour l'assemblée de suivante. De cette manière l'assemblée de révision rempliroit l'office de défenseur des droits et des intérêts du peuple, qu'on ne devroit pas entièrement confier au gouvernement législatif, sans un pareil surveillant; et en outre la chambre de révision rendroit d'autres services importans.

Les membres de cette assemblée de révision devroient être tous les ans renouvellés dans le même tems qu'on éliroit les membres du gouvernement législatif, et ceux des assemblées des districts et des départemens. Chaque département devroit au moins en fournir un, qui ne pourroit être élu plus de deux fois dans l'espace de quatre ans. Un des premiers objets devroit être de veiller à ce que la législature ne fît aucun changement dans la constitution, à moins qu'il ne fût confirmé par le corps législatif suivant. Cette assemblée de révision, si on le jugeoit à propos, pourroit, en y ajoutant un certain nombre de juges, devenir un tribunal en dernier ressort. Elle devroit aussi prendre connoissance de tout ce qu'elle croiroit pouvoir être de quelque utilité à la nation, et émettre ses vœux aux autorités constituées.

3°. Il devroit y avoir un pouvoir exécutif, nommé par le gouvernement législatif, qui seroit revêtu du pouvoir nécessaire pour administrer les affaires de la nation.

Le pouvoir exécutif devroit être responsable au gouvernement suprême, qui pourroit le destituer en tout ou en partie, et même le remplacer.

Les membres du gouvernement exécutif ne doivent être changés que le moins souvent qu'il est possible; car les bons ministres sont d'une valeur inappréciable à l'état, et le nombre en est peu considérable. Cependant ils devroient être réélus à chaque nouvelle législature, par les représentans du peuple : je souhaiterois même que cela se fit par voie de scrutin. — De plus, les assemblées des districts et les départemens devroient faire connoître leurs opinions touchant les différens membres du pouvoir exécutif, ou de telles autres personnes qu'ils voudroient mettre à leur place. — Dans les assemblées primaires même, on pourroit en dresser la liste, et ainsi approuver ou désapprouver les membres du pouvoir exécutif.

Ceux qui composent le pouvoir exécutif devroient avoir toujours présent les objets qui peuvent être utiles à l'état. — Ils devroient soigneusement veiller à mettre en pratique tout ce dont ils sont chargés. Ils devroient en tenir un registre exact, ainsi que des pièces justificatives. — Ils ne devroient pas être surchargés d'affaires; mais il faudroit qu'ils fussent aidés des conseils de personnes actives et d'une rare intelligence dans les différentes opérations, et qui devroient être tous à leur nomination. — Les différens membres du pouvoir exécutif doivent être responsables les uns pour les autres dans des affaires de grande importance, et conséquemment ils doivent fréquemment délibérer ensemble. Ils doivent présenter à la législature et à l'assemblée de révision un état sommaire de leurs travaux ; ainsi que de tous les éclaircissemens dont ils peuvent avoir besoin.

Quant au gouvernement législatif, il devroit y avoir de fréquens comités formés de la même manière que je le proposerai pour les comités de patronage. Ces comités devroient soigneusement examiner les travaux du pouvoir exécutif, et en faire le rapport à la législature. En outre, il devroit y avoir un comité permanent, chargé de constater et d'entretenir la liaison non interrompue entre les pouvoirs législatif et exécutif.

On peut croire que les membres du pouvoir exécutif, ne seroient élus qu'en raison de leur vertu et de leurs talens. Le pouvoir exécutif seroit composé des ministres de la guerre, de la marine, des affaires étrangères, de l'intérieur et des finances. Ils formeroient le cabinet et y présideroient tour à tour. Tout ce qui regarde l'agriculture, la civilisation mentale, les intérêts du culte public, la perfection de la médecine, des arts, des sciences, des manufactures et du commerce, sont du ressort du pouvoir exécutif. Pour cet effet, on doit employer des agents subalternes capables de remplir leurs devoirs.

Faisons actuellement le résumé du gouvernement législatif. Il faut accorder aux représentans une certaine somme pour subvenir à leurs dépenses. Ils doivent recevoir et examiner toutes les propositions qui leur parviendront de la part de l'assemblée de révision, à laquelle ils devroient envoyer

envoyer tout projet de décret. Suivant les observations de l'assemblée de révision, ils seront tenus d'examiner de nouveau les objets proposés, qui ne pourront avoir force de loi qu'après avoir passé par cette épreuve. De cette manière ils peuvent faire les loix et publier les décrets qu'ils voudront; avec cette exception, que tout ce qui regarde la constitution doit être communiqué à la nation, pour être sanctionné par la législature suivante, avant d'avoir force de loi, et il conviendra même que la majorité des assemblées des départemens y donne sa sanction.

Le gouvernement législatif doit renvoyer au pouvoir exécutif l'administration de toutes les affaires publiques; mais, quand il le juge à propos, il pourra consulter les ministres, qui cependant ne pourront pas être membres de l'assemblée nationale. En outre, le gouvernement législatif doit avoir, en général, le droit de patronage, ce qui contribuera à la tranquillité de la nation, et la nomination de personnes capables de remplir les places importantes.

Je crois que ce patronage pourra s'exercer d'une manière aisée, en suivant les règles suivantes.

1°. Le pouvoir exécutif auroit la nomination de quelques emplois inférieurs, et de quelques-uns plus élevés, qui exigent une confiance particulière.

2°. Toutes les fois que faire se pourra, il faudra avancer les personnes qui auroit des emplois, à raison de leur ancienneté.

3°. Dans tous les autres cas, et quand il n'aura pas été proposé, de déléguer le patronage aux assemblées des départemens, on nommera un comité de patronage, qui sera pris parmi les membres du gouvernement législatif, et qui sera changé toutes les trois semaines. Les membres seront tenus de terminer les affaires qui pourront leur être présentées pendant cet espace de temps. Le pouvoir exécutif, les assemblées de districts et de départemens donneront à ce comité les éclaircissemens nécessaires. Ce comité fera ensuite son rapport au gouvernement législatif, lequel, en suivant les formes prescrites, confirmera ce même rapport par scrutin, ou nommera tel autre candidat qu'il lui plaira.

4°. Comme une suite de l'article précédent, le pouvoir exécutif nommera les suppléants, pendant les vacances de la législature.

5°. Le peuple et les différentes assemblées des districts et des départemens doivent avoir liberté entière de demander à la législature la destitution de toute personne dont ils ont à se plaindre.

6°. Toutes les personnes employées par la nation, doivent avoir un salaire honnête et proportionné aux services qu'elles rendent. Le public est en état de bien payer ceux qu'il emploie, et il est de sa prudence d'engager des personnes de mérite, et de leur donner tout l'encouragement possible pour qu'ils remplissent avec zèle leurs devoirs. Il est vrai que sous le gouvernement absolu il y avoit nombre d'emplois auxquels étoient attachés des pensions exhorbitantes, sans considérer s'ils étoient d'aucune utilité. Il est bien raisonnable que dans une république on récompense le vrai mérite, et qu'on accorde un traitement convenable à ceux qui remplissent avec éloge les places utiles.

Je me flatte, citoyens législateurs, que mon plan s'accordera assez avec l'exercice du droit de patronagequi appartient à une si grande nation. — Ce plan pourra être réduit à la plus grande simplicité dans l'exécution, si les législatures suivantes se bornent à des discussions peu étendues quand il s'agira de nommer aux différens emplois.

J'avoue que je suis l'ami de la simplicité dans toutes les opérations d'un intérêt national, quoique j'aie à craindre que mes propositions n'en souffrent en quelque façon. Il faut imiter dans les ouvrages d'un intérêt général, ce qu'on remarque dans les œuvres de la nature, c'est-à-dire, que les parties qui les composent ne devroient jamais être compliquées, mais de la plus grande simplicité, en petit nombre, et chacune remplissant dans toute l'étendue possible le caractère qui lui est propre. — Les observations suivantes tendent à prouver que les moyens simples que nous avons proposés pour la forme d'un gouvernement sage pourront suffire.

Si l'on veut véritablement les intérêts du peuple, le gouvernement législatif ne doit être qu'une représentation du peuple, et doit avoir *une autorité* illimitée, à moins que la majorité des assemblées primaires n'en décide autrement dans des affaires d'une importance majeure. C'est là le seul moyen de le rendre simple et libre dans ses opérations. C'est là le seul moyen de lui donner la majesté, l'autorité et la force qu'il doit avoir. C'est le seul mode enfin de le garantir de toute influence et de toute corruption, d'autant plus qu'il n'existera dans l'état personne qui puisse chercher à le séduire, etque les membres seulement élus pour une année se verroient obligés de faire leur devoir, s'ils avoient l'ambition d'obtenir dans la suite les suffrages du peuple.

On ne devroit pas cependant permettre à un gouvernement revêtu de tant de pouvoirs de faire tout à sa volonté. Il doit être surveillé et même censuré quand il le faut ; mais non par aucun pouvoir dont l'autorité soit égale à la sienne ; par là le gouvernement législatif maintiendroit dans toute sa force la plénitude de son autorité. Nous avons pourvu aux moyens de contrôle dans les assemblées des départemens et des districts, et dans l'assemblée de révision dont nous avons déja parlé.

Le gouvernement législatif ainsi surveillé, pourra devenir, avec l'aide du pouvoir exécutif un gouvernement parfait. Un gouvernement exécutif fait essentiellement partie intégrante du pouvoir souverain. Nous avons cru devoir entrer dans quelques détails quant aux principes de sa formation, de son contrôle, et même de son élection, si l'on la juge nécessaire, par les assemblées primaires ; et nous nous flattons d'en avoir tracé l'esquisse d'une manière qu'il sera facile de l'adapter aux vues qu'on pourra se proposer.

Si, par ces moyens, le gouvernement ne parvient pas à sa perfection, il en approchera du moins autant qu'il est possible Ils ne peuvent en aucune manière tendre à la subversion de la République, puisque cela seroit prèsque impossible par le changement qui se feroit tous les ans des membres qui le composeroient. Il doit être également capable de remplir tous les besoins de la République, étant constitué de manière à représenter tous les citoyens, et composé de ceux qui jouissent de la réputation la plus distinguée par leurs vertus et leurs talens. En dernière analyse, il paroît composé des trois principes essentiels à un bon gouvernement. Car, d'un côté, il est entièrement élu, et constitué par le peuple ; de l'autre, il est surveillé puissamment par les autres pouvoirs également élus par le peuple ; et troisièmement, il est reconstitué et choisi de nouveau par le peuple. J'ai donc tout lieu de me flatter que l'esquisse que je viens de donner peut être considérée comme la forme parfaite d'un gouvernement populaire et républicain. Oserois-je espérer, législateurs, qu'elle puisse mériter votre attention ?

CHAP. XIV.

Jusqu'ici je n'ai pas parlé de la police nécessaire pour une grande ville, parce que je ne voulois entrer que dans un détail simple des différens intérêts de la société. Maintenant je vais en tracer une légère esquisse, qui émanera entièrement les principes que nous avons avancés pour la perfection du gouvernement.

1°. Une grande ville doit être, selon le nombre de ses habitans, divisée en districts, ou en sections. Semblables aux districts de la campagne, ils doivent avoir trois espèces d'assemblées, c'est-à dire, des assemblées primaires, des assemblées appropriées à ces districts ou sections, et une assemblée générale de ville, semblable à l'assemblée de département. Les membres de toutes ces assemblées seroient élus de la même manière, et auroient les mêmes fonctions à remplir que les membres des assemblées pareilles pour la campagne.

2°. Une police régulière et active, composée de personnes capables de bien remplir les fonctions de leur état, auxquelles il ne manqueroit aucun des moyens nécessaires de police et qui seroient revêtus de tous les pouvoirs qui conviendroient. Elles doivent être assujetties à tous les détails de la surveillance, et servir dans les districts séparément, et dans la ville en général. Les assemblées des districts ou des sections doivent avoir un soin particulier de cette police, qui sera subordonnée à l'assemblée générale de la ville. En cas de besoin, la milice ou la force soldée seroit tenue de lui prêter tous les secours nécessaires.

3°. Un nombre suffisant de tribunaux subalternes de justice, tels que nous les avons proposés dans le neuvième chapitre, chacun composé d'un homme de loi et d'un certain nombre de prud'hommes, devroient être établis, afin de prendre connoissance des délits contre la police. Ces tribunaux rempliroient également les mêmes fonctions que ceux de la campagne.

CHAP. XV.

VOILA l'esquisse que je me suis proposé de donner d'un gouvernement en général, et des différens avantages qu'il pourroit procurer à la société. Elle est si simple et cependant d'une nature si universelle, qu'elle peut s'accorder avec l'état de la constitution de la société en France, en Angleterre, ou dans tout autre pays de l'univers. Vous y verrez, législateurs, que dans l'intention de rendre votre cause parfaite sous tous les rapports, j'ai eu un soin particulier d'unir l'humanité avec la liberté et l'égalité, qui forment les bases de la regénération.

Je me flatte de plus que les propositions précédentes renferment tous les différens principes, avec les moyens de parvenir à un gouvernement solide. Néanmoins elles ne démontrent point ce que j'ai avancé, d'une manière aussi claire que je le voudrois, vu qu'il m'a été nécessaire de comprimer les différens intérêts de la société dans un petit espace.

Citoyens Français, quelle union divine que celle de la liberté, de l'égalité et de l'humanité! qu'elle est digne de l'homme! Quelle perfection n'y ajoute pas l'humanité! Refuseriez-vous de joindre et de rassembler toutes ces parties essentielles dans un ensemble général ? La liberté et l'égalité ne sont-elles pas le corps et les branches de l'arbre, et l'humanité son ombre et son fruit? Puisse le monde révérer l'arbre dans le nom Français et dans son heureux gouvernement !

Vous n'ignorez pas sans doute que dans une organisation parfaite de la société, il y a des avantages infinis dont on n'a cependant pas la jouissance. Mais on peut aisément se les procurer, et parer aux malheurs de la société. Il est donc de notre devoir de réunir tous nos efforts pour en découvrir la source ; et, semblable aux eaux bienfaisantes qui coulent des montagnes dans les vallons, d'arroser les dernières limites de la République et de l'univers.

Oui, législateurs, c'est vous (et tout semble l'annoncer), c'est vous qui ramenerez dans la société ce premier principe aimable de l'ancienne Mythologie, cette Eros que les anciens cherchoient avec une douce persuasion, à inspirer aux hommes sous l'emblême de divinités consacrées aux vertus, à la sagesse, aux arts utiles, à la beauté, à l'amour, aux muses et aux graces, tous tendans à la perfection du genre humain.

Le bien-être du genre humain, dépendant de différentes causes, est une science réelle, établie sur de vrais fondemens, et non sur les chimères de la Mythologie. Une longue expérience que j'ai acquise de ces objets, me donne lieu de croire que vous ne désapprouverez pas mon opinion, laquelle est qu'il faudroit former une ou plusieurs sciences de ces intérêts, pour leur donner une base aussi solide que le monde même. Par ces moyens on conserveroit à jamais dans un état florissant le bonheur et la prospérité du genre humain, sans lui rien laisser perdre de son énergie.

Il y a trois sciences que j'ai déja désignées sous le nom des trois sciences universelles de l'humanité, qui méritent absolument d'être considérées sous ce point de vue important, d'autant plus qu'elles sont sans contredit les appuis essentiels de la civilisasion et en si petit nombre. Je veux dire, l'agriculture, la médecine et la culture de l'esprit. C'est à ces trois sciences ou arts que nous devons notre nourriture, l'instruction et les connoissances de notre esprit, la conservation de notre santé et notre guérison dans toutes les maladies. Elles seules procurent ces avantages, et sont absolument nécessaires à chaque individu. La société peut se passer d'un gouvernement. Elle n'a pas toujours besoin du secours des gens de loi, et de l'entremise des ministres d'état, elle n'exige pas continuellement l'administration des finances, et ses intérêts ne dépendent pas entièrement du commerce; mais la société retire à chaque instant de l'agriculture, de la culture de l'esprit et de la médecine, les avantages les plus importans.

D'après mon expérience à cet égard, j'ose vous assurer, législateurs, qu'il ne sera pas difficile de réduire en pratique les améliorations nécessaires pour rendre le bonheur du genre humain parfait; mais toutefois il est essentiel qu'on fasse pour cela de légères avances, et qu'on doit pas regarder comme perdues pour un objet d'une si grande importance. Si on n'a pas encore présenté à la société ces heureux avantages, ce n'est pas à cause de la trop grande difficulté, mais parce qu'il étoit au-dessus de la portée de simples particuliers d'y parvenir. C'est sans doute, législateurs, une grande entreprise; c'est le sentiment généreux qui anime chacun de vous; — c'est un devoir qu'exige de vous la patrie et l'univers même, pour assurer les intérêts de l'humanité avec la liberté et l'égalité, au milieu des fléaux horribles que vous suscitent plusieurs ennemis du genre humain. Oui, législateurs, les intérêts de l'humanité ont quelque chose d'attrayant pour le cœur de l'homme; ils serviront à augmenter le nombre de vos prosélytes, et contribueront autant à faire triompher votre cause que vos armées victorieuses.

Des moyens simples ameneront en peu de temps, presque à un état de perfection, les sciences nécessaires au bonheur du genre humain. Le travail pour les acquérir ne paroîtra pas aussi compliqué qu'on se l'imagine. Heureux sera le petit nombre d'hommes qui se consacreront à cette étude : c'est par leurs travaux que la société atteindra au plus haut point de bonheur, auquel le genre humain puisse aspirer.

TABLEAU

DE L'ESPRIT HUMAIN,

TENDANT à former 1°. un système complet de civilisation mentale; lequel comprendra aussi les belles-lettres, l'art du raisonnement et la philosophie morale.

2°. A réduire ce système en traités sommaires, adaptés aux différents âges de l'homme et à toutes les conditions de la société.

DIVISION I.

De l'esprit.

FACULTÉS INTELLECTUELLES.

PARTIE 1. La faculté de la perception.

2. Le jugement.

3. Le raisonnement.

PARTIE 4. La faculté de la conception, c'est-à-dire, celle par laquelle l'esprit saisit les figures des choses.

5. La mémoire.

6. L'imagination. Elle lie les pensées.

7. La volonté.

8. Le pouvoir d'agir, Action.

9. Le langage.

DIVISION II.

De l'esprit.

LES PASSIONS.

10. L'amour de soi-même.

11. La sympathie.

12. La joie.

13. La douleur.

14. Les désirs intellectuels ou corporels.

15. L'aversion comme opposée au désir.

16. L'amour.

PARTIE 17. La haine.

18. L'approbation.

19. Censure.

20. L'ardeur, par exemple, le courage, l'esprit ardent.

21. Abattement de l'esprit.

DIVISION III.

De l'esprit.

LES DEVOIRS MORAUX (1).

22. La religion.

23. Le regret.

24. La vérité.

25. La rectitude.

26. La justice.

27. La probité.

---

(1) Si les devoirs moraux ne sont pas des parties primitives de l'ame, ce sont cependant des principes fixes qui s'insinuent et s'amalgament avec elle. D'ailleurs, le lecteur voudra bien m'accorder de l'indulgence, si mon systême lui offre des idées nouvelles. -- Je ne cherche point à les défendre ici ; mais il se pourroit que j'aie développé des traits peu connus de la nature humaine.

PARTIE 28. La fidélité.

29. La bienveillance.

30. La bienveillance envers des animaux.

31. La reconnoissance.

32. La prudence.

33. La modération.

34. Le contentement.

35. La constance.

36. Egalité de l'esprit.

37. L'honneur et la dignité de l'esprit.

38. La pureté de l'ame.

39. La force de l'esprit.

40. L'activité, industrie.

41. L'adresse du corps et de l'esprit.

42. La recherche des moyens du bonheur pour soi et pour les autres.

43. Le maintien décent.

44. La sociabilité.

45. Les devoirs de famille.

46. L'exercice et le gouvernement des passions.

47. La culture des facultés intellectuelles.

48. La sensibilité.

DIVISION IV.

DIVISION IV.

LES SENS ET LES AFFECTIONS DE L'ESPRIT.

49. La sensation.
50. Idées.
51. Sensation excitée par les passions.
52. Sensation excitée par les facultés intellectuelles.
53. Sensation excitée par les devoirs moraux.
54. Le goût.
55. Sensation du beau.
56. —— du sublime.
57. —— du pathétique.
58. —— du comique.
59. —— du plaisir.
60. —— du mal-être.

Puisse enfin le triomphe de la *raison naturelle*, ayant pour base l'humanité, être complet ! Puisse-t-elle, dans un siècle éclairé, être mise, par la première nation de ce siècle, en état de procurer ce qui jusqu'à présent a manqué au monde entier : --- un code d'instruction mentale propre à former les esprits de tous les citoyens au degré de perfection qui est nécessaire pour leur bonheur, et auquel la nature les a destinés. Puisse ce code, législateurs, satisfaire parfaitement, sous vos auspices, aux vues qu'on a inutilement cherché à remplir par les vains efforts de vagues systêmes de philosophie et de prétendus moyens surnaturels qui ne peuvent servir qu'à égarer l'homme de plus en plus.

FIN.

A PARIS. De l'Imprimerie de H. J Jansen, Cloître Saint-Honoré.

www.ingramcontent.com/pod-product-compliance
Ingram Content Group UK Ltd.
Pitfield, Milton Keynes, MK11 3LW, UK
UKHW021222230726
13926UKWH00003B/1191